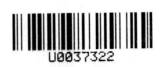

序言

林慧清

握著色鉛筆的我，這樣的快樂

這雙從未學過畫圖的手，從一開始握著12色到現在120色的色鉛筆；不論心中高掛著大大的太陽或下起綿綿細雨，總是透過簡單的線條、繽紛的色彩，在無限的想像空間裡，盡情揮灑對追求幸福的熱情，及堅信著真實的幸福，就存在日常生活中。幸福真的離我好近，好近～

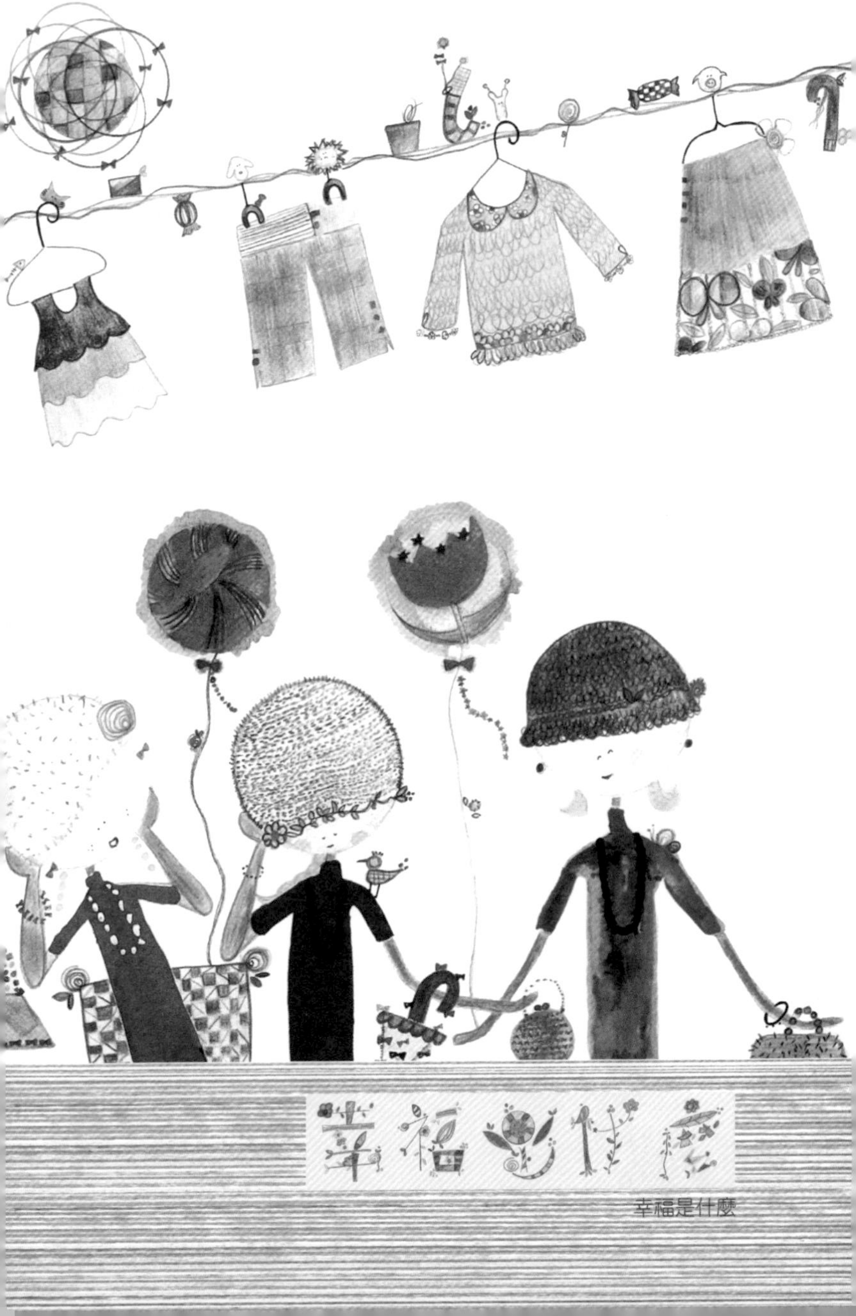
幸福是什麼
幸福是什麼

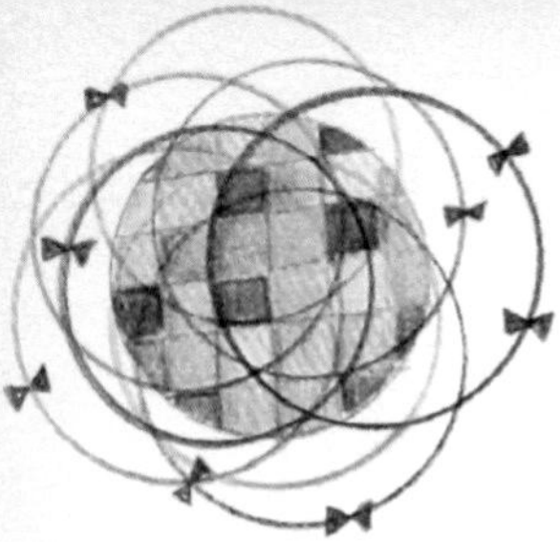

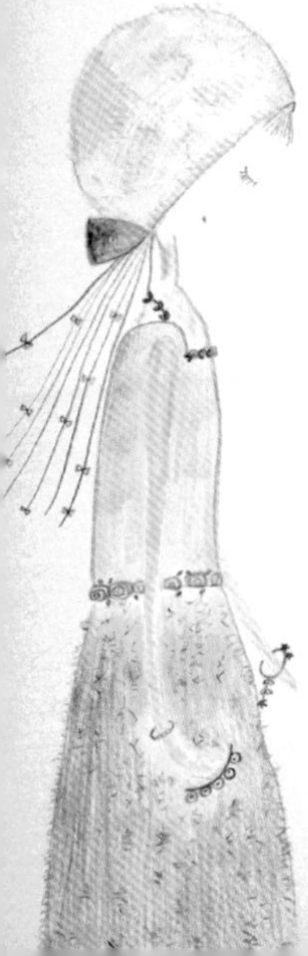

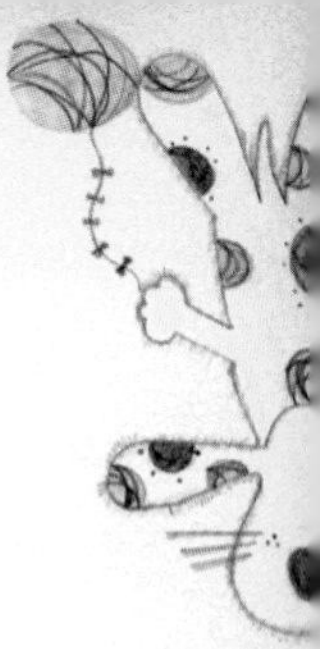

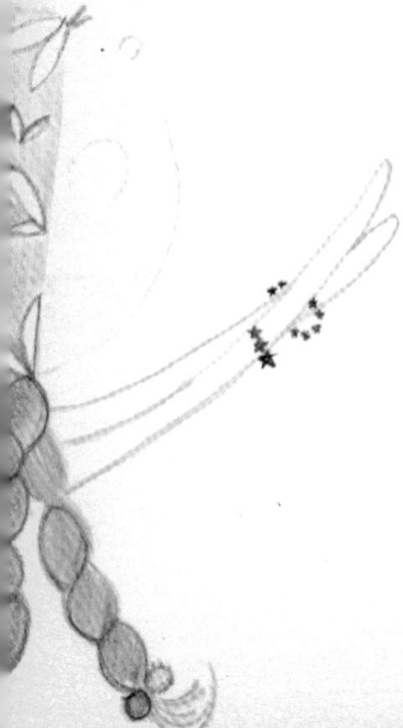

Merry Christmas!
Miss Little

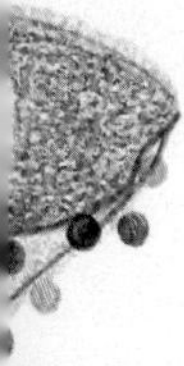

Merry Christmas
Miss Little

灑下幸福種子

灑下幸福的種子

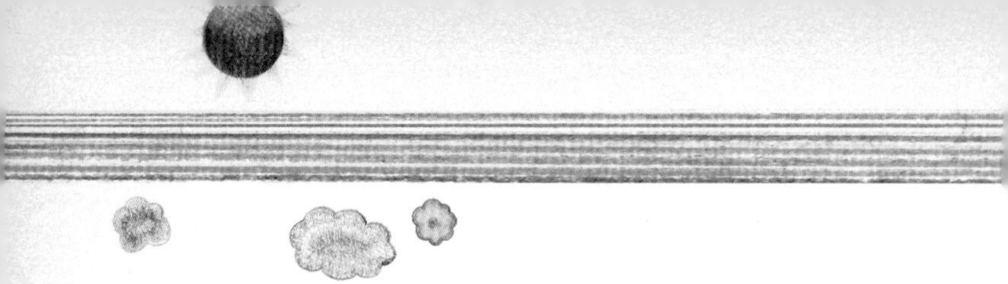

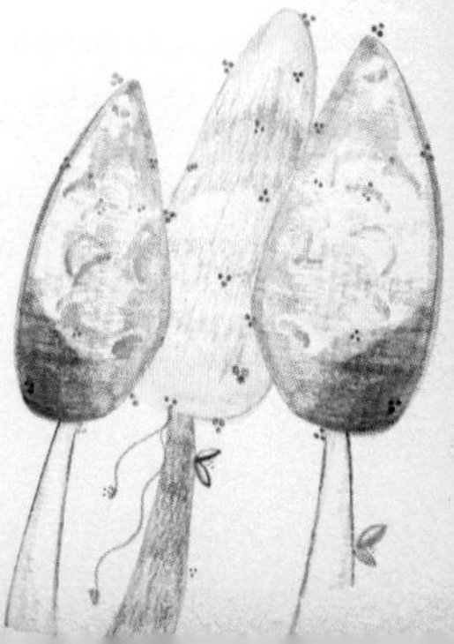

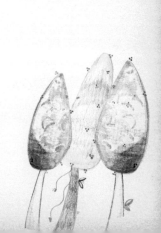

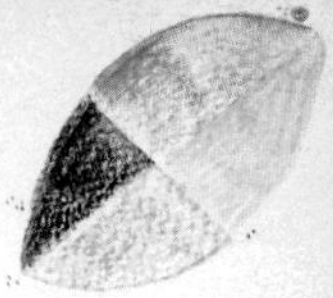

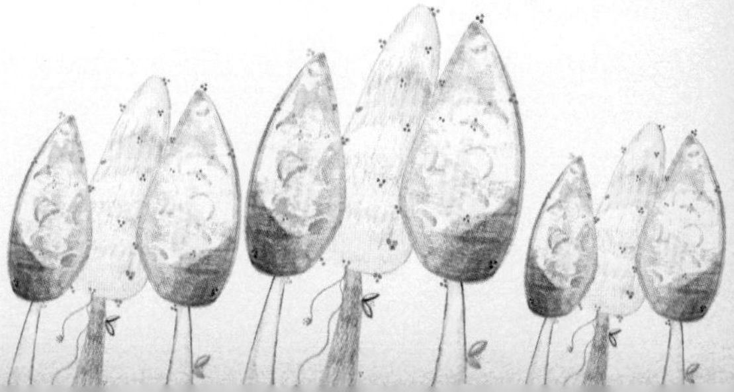

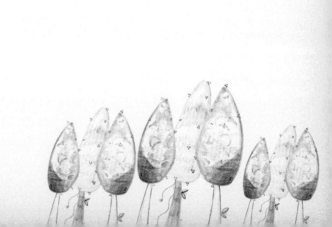

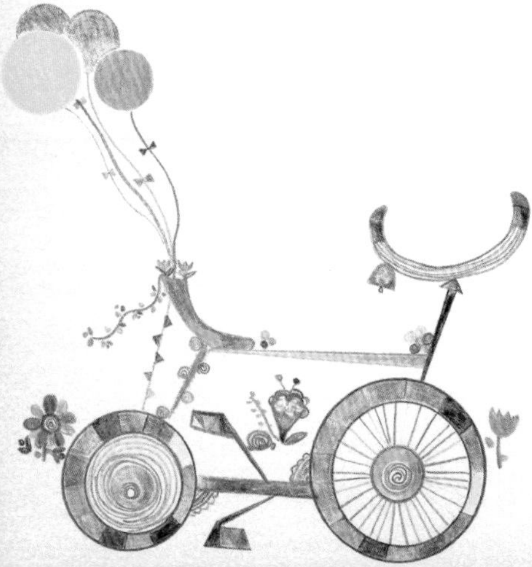

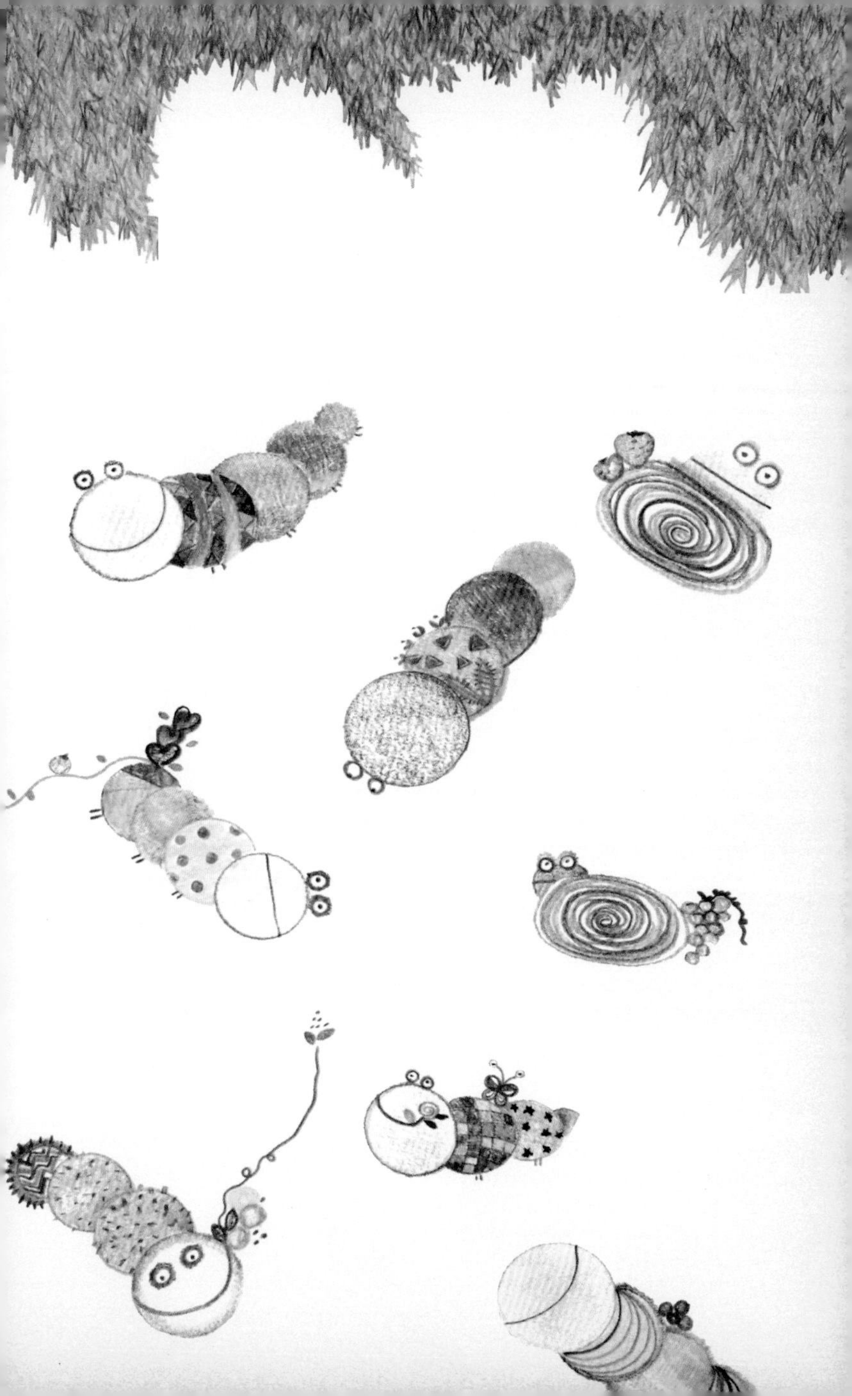

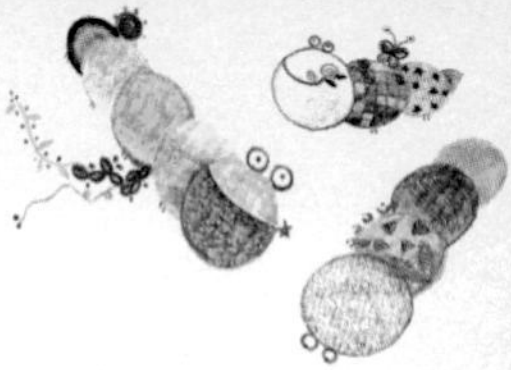

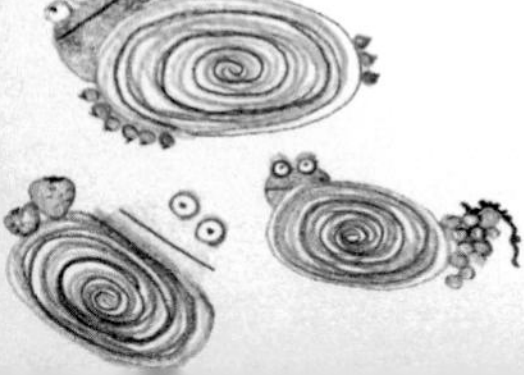

盡情舞動

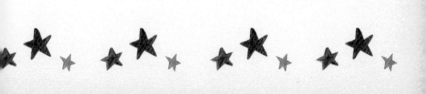

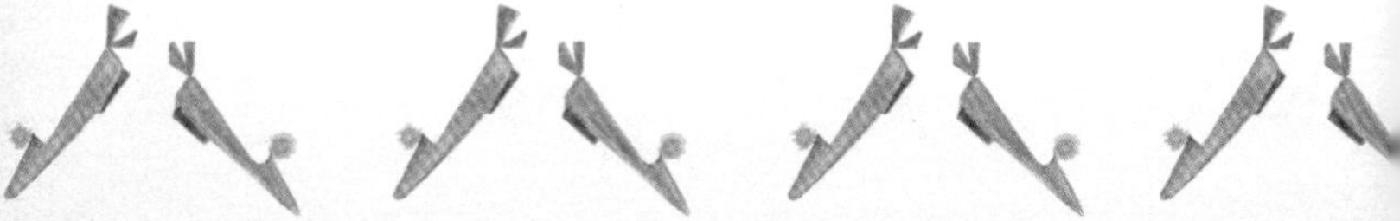

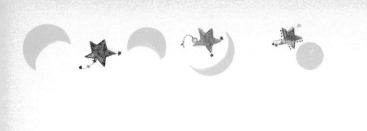

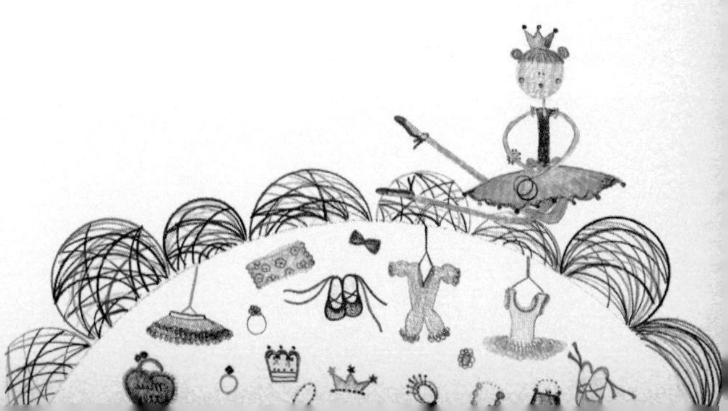

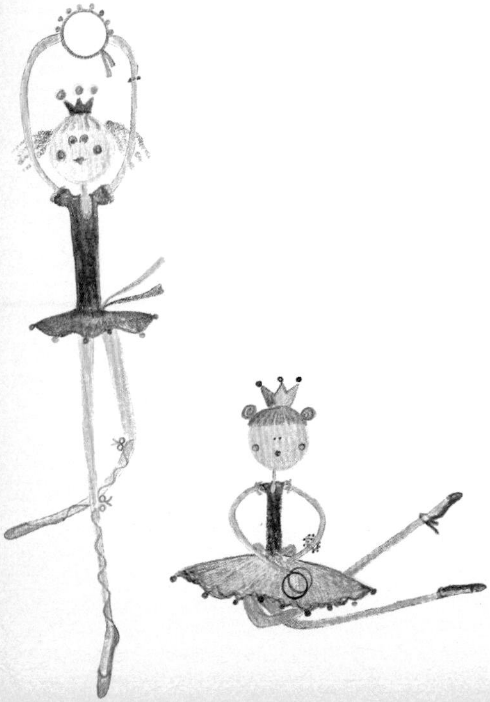

熱情分享

Miss Little

Miss Little!

Miss Little

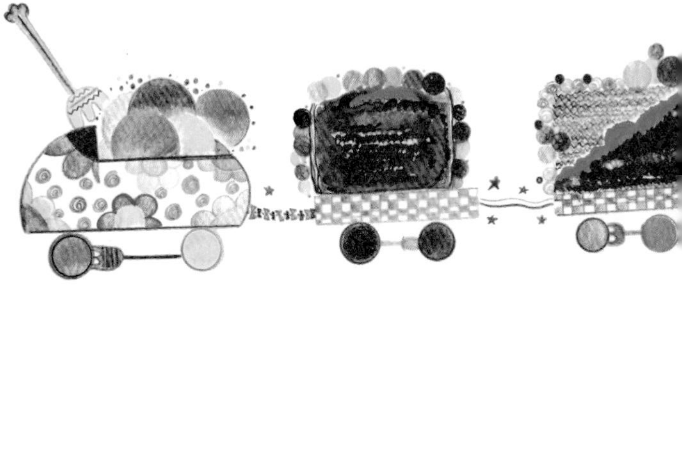

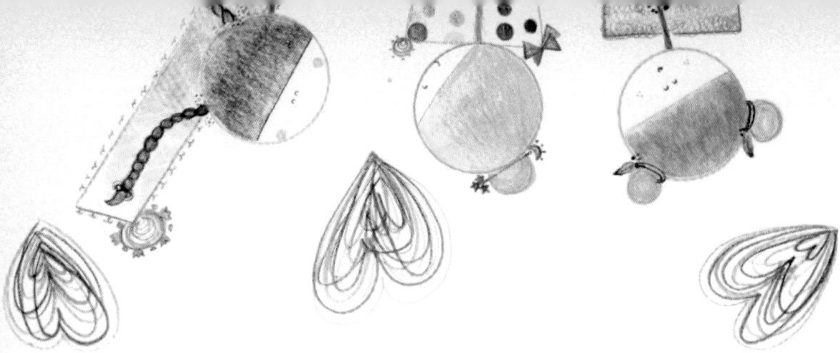

愛・愛微風幸福

愛・愛微風幸福

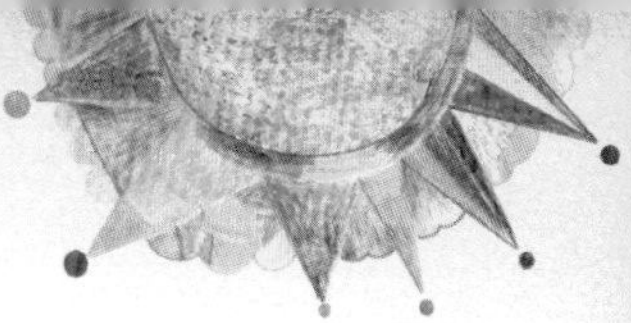

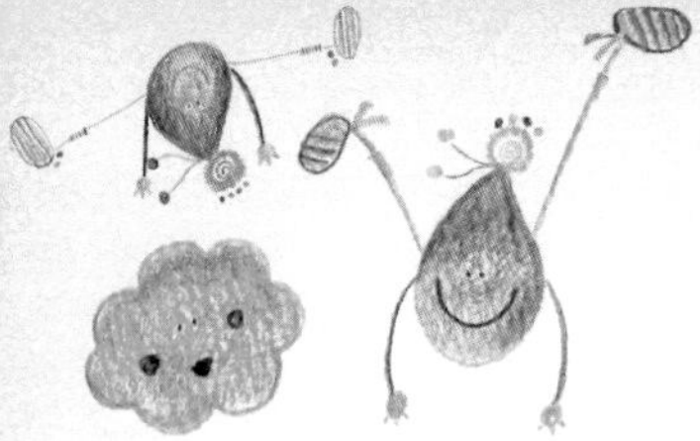

wish

Name: ______________ Birth: ______________

Tel: ______________ Fax: ______________

Add: ______________

Email: ______________

Web: ______________

Gift: ☐ ☐ ☐ ☐ ☐ ☐

Name: ______________ Birth: ______________

Tel: ______________ Fax: ______________

Add: ______________

Email: ______________

Web: ______________

Gift: ☐ ☐ ☐ ☐ ☐ ☐

Name: ______________ Birth: ______________

Tel: ______________ Fax: ______________

Add: ______________

Email: ______________

Web: ______________

Gift: ☐ ☐ ☐ ☐ ☐ ☐

Name: ______________ Birth: ______________

Tel: ______________ Fax: ______________

Add: ______________

Email: ______________

Web: ______________

Gift: ☐ ☐ ☐ ☐ ☐ ☐

Name: ____________ Birth: ____________

Tel: ____________ Fax: ____________

Add: ____________

Email: ____________

Web: ____________

Gift: ☐ ☐ ☐ ☐ ☐

Name: ____________ Birth: ____________

Tel: ____________ Fax: ____________

Add: ____________

Email: ____________

Web: ____________

Gift: ☐ ☐ ☐ ☐ ☐

Name: ____________ Birth: ____________

Tel: ____________ Fax: ____________

Add: ____________

Email: ____________

Web: ____________

Gift: ☐ ☐ ☐ ☐ ☐

Name: ____________ Birth: ____________

Tel: ____________ Fax: ____________

Add: ____________

Email: ____________

Web: ____________

Gift: ☐ ☐ ☐ ☐ ☐

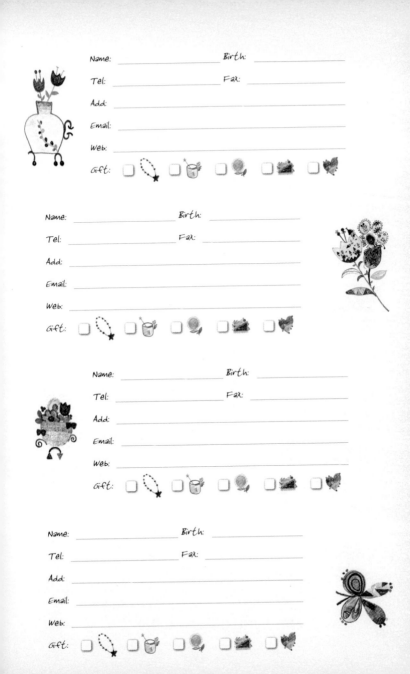

Name: Birth:

Tel: Fax:

Add:

Email:

Web:

Gift:

Name: Birth:

Tel: Fax:

Add:

Email:

Web:

Gift:

Name: Birth:

Tel: Fax:

Add:

Email:

Web:

Gift:

Name: Birth:

Tel: Fax:

Add:

Email:

Web:

Gift:

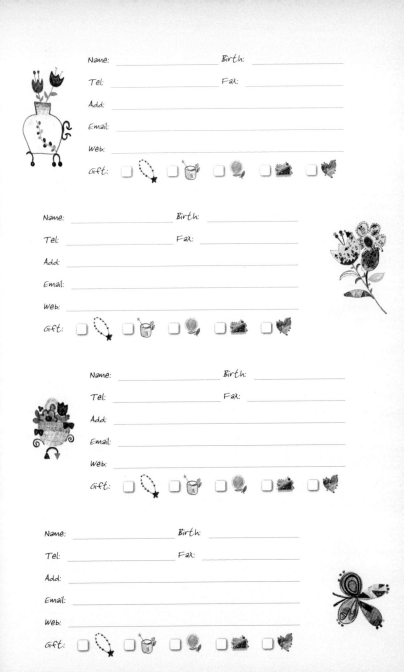

Name: ______ Birth: ______

Tel: ______ Fax: ______

Add: ______

Email: ______

Web: ______

Gift: ☐ ☐ ☐ ☐ ☐

Name: ______ Birth: ______

Tel: ______ Fax: ______

Add: ______

Email: ______

Web: ______

Gift: ☐ ☐ ☐ ☐ ☐

Name: ______ Birth: ______

Tel: ______ Fax: ______

Add: ______

Email: ______

Web: ______

Gift: ☐ ☐ ☐ ☐ ☐

Name: ______ Birth: ______

Tel: ______ Fax: ______

Add: ______

Email: ______

Web: ______

Gift: ☐ ☐ ☐ ☐ ☐

Name: Birth:

Tel: Fax:

Add:

Email:

Web:

Gift:

Name: Birth:

Tel: Fax:

Add:

Email:

Web:

Gift:

Name: Birth:

Tel: Fax:

Add:

Email:

Web:

Gift:

Name: Birth:

Tel: Fax:

Add:

Email:

Web:

Gift:

Name: Birth:

Tel: Fax:

Add:

Email:

Web:

Gift:

Name: Birth:

Tel: Fax:

Add:

Email:

Web:

Gift:

Name: Birth:

Tel: Fax:

Add:

Email:

Web:

Gift:

Name: Birth:

Tel: Fax:

Add:

Email:

Web:

Gift:

筆記書——這樣的快樂

繪　　者：林慧清
執行編輯：黃心宜
美術編輯：張尹琳
發　　行：楊伯江、許麗雪
出　　版：信實文化行銷有限公司
地　　址：台北市大安區忠孝東路四段341號11樓之三
電　　話：（02）2740-3939
傳　　真：（02）2777-1413
http：www.cultuspeak.com.tw
E-Mail：cultuspeak@cultuspeak.com.tw
劃撥帳號：50040687信實文化行銷有限公司

松霖彩色印刷（02）2240-5000
圖書總經銷：知己圖書有限公司
（台北公司）台北市羅斯福路二段95號4樓之三
電話：（02）2367-2044　傳真：（02）2362-5741
（台中公司）台中市407工業30路1號
電話：（04）2359-5819　傳真：（04）2359-5493

2008年9月一版一刷
定價：新台幣280元

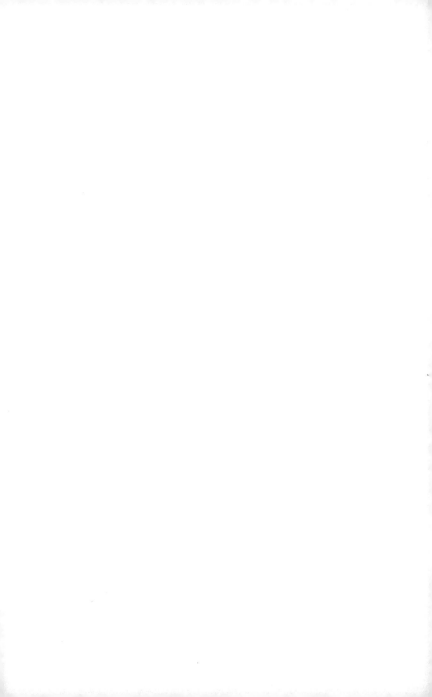